日本足球場朝聖之旅
全攻略 關東篇

日本サッカー場

⚽ の聖地巡礼：関東

Football Stadiums in Japan / Kantō Region

　　球迷是足球比賽不可或缺的一部分，有球迷在現場看球的話，不僅令比賽的氣氛更熱烈，更加令在場比賽的球員踢得更起勁，所以到現場看球的體驗跟在家遙距看電視直播差得遠。日本人對參與體育賽事的熱情是舉世知名，光是在電視直播便感受到日本球迷在比賽時為球隊打氣的氣勢，如果是到現場觀戰的話更是只能以「震撼」二字來形容。而且日本的生活多姿多采，看球前和看球後還可以找到很多吃喝玩樂節目，令整個觀戰日更加完美。

　　相信不少人都嘗試過去日本旅遊，也有不少球迷曾親身到日本的球場看日本職業足球聯賽，如果能夠將兩者結合起來，能以最有效率的日程表，花最少的時間能看到最多比賽和到球場附近的好去處玩樂一番，尤其是旅日光陰相當寶貴，能將時間放在玩樂上總比抵達當地才花時間在網上搜尋好去處和如何乘串更好吧，這也是本書為何出現的原因。

　　在 1990 年代日本職業聯賽開打時有不少世界知名球星效力，而且每支球隊的球衣都相當奪目，令我從 1990 年代中期開始留意日本足球發展。後來日本國家隊在世界盃和亞洲盃屢創佳績，吸引我矢意要到日本看球。也因為到不同的城市看球而有機會前往一些或許沒那麼多遊客會去的地方，感受另一種日本風情，所以我希望藉自己的所見所聞，讓球迷看完本書後，將來可以更有效率地既旅遊又看球。

　　為什麼只挑選關東地區的球場作介紹呢？坦白說日本職業足球聯賽現在發展為三級聯賽，合共 56 支球隊（2020 年後或許有更多），每一支球隊都有自己的主場，目前我去過的球場也有差不多三份一，如果要介紹的話，恐怕要分開幾本書才可。這次首先挑選關東地區的原因是核心城市東京是亞洲首屈一指的大都會，大部分旅日遊客的首選目的地仍然是東京，而且圍繞東京都建隊的球隊數量最多，只要肯多走一步的話，幾乎每個禮拜都可以去東京都地區看球，所以決定先介紹關東地區及鄰近的靜岡縣球隊所屬城市和主場有什麼好玩好吃的好去處。如果本書反應良好的話，希望能在將來跟大家再著書介紹關西、九州、四國、東北和北海道的球場和好去處吧。（當然，首先，我們能再次踏足日本國土！）

國立競技場

國立競技場

　　若論距離日本最繁榮地區最接近的球場，以及日本目前最新的球場，國立競技場均是這兩條問題的唯一答案。國立競技場座落於東京都的核心地區新宿，縱然只是徒步前往，從國立競技場到新宿、原宿或涉谷都只需要十數分鐘時間，確實非常方便。而且國立競技場在日本體育界獲稱為「聖地」，地位超然，所以或許能進入國立競技場看球是不容易的事（因為舉行比賽次數少，亦總是一票難求），就算沒能看球也值得花時間到這裡朝聖一下。

國立競技場對面的三井公園飯店是球場附近唯一住宅用途建築物，也是唯一可以不用航拍機也能鳥瞰球場的地方，有興趣看一下球場全景的朋友可以訂房入住。

　　國立競技場周邊就有不少好去處，如果你同時是棒球迷或橄欖球迷，也可以稍移玉步到國立競技場東南門外，去一下明治神宮野球場觀看日職棒球隊東京養樂

多燕子的主場比賽，國立競技場東門對面亦有養樂多燕子的官方商店，可讓棒球迷買個夠。如果再往明治神宮野球場的東南方再多走幾步，就可以到達日本橄欖球聖地秩父宮球場。而國立競技場西邊則有東京體育館，是第 34 屆夏季奧運會的桌球比賽場地，對於體育迷來說都是值得打卡的景點。

國立競技場與原宿之間的民宅區，是東京都蛋黃區少數可以令人安舒逛街的地方，不過當國立競技場舉行活動時，寧靜的住宅區也會擠得水洩不通。

從國立競技場出發往西邊步行數分鐘便看到 JR 千駄ケ谷站，沿著車站的東邊往北走，便是日本國家級庭園「新宿御苑」。在這個佔地 58.3 公頃，面積跟新宿站蛋黃地段差不多大小的巨型庭園有日式、法式和英式庭園區，當櫻花盛放的季節更是數以萬計民眾賞花的熱門地點。而且只需要付出 500 日元入場費便可

以在園內閒逛一整天，享受都市中的寧謐，確實是賞心樂事。逛完新宿御苑後還想繼續精彩的話，只要在御苑的西北大門離場，便是貫通新宿站的甲州大道，換言之便是立即進入新宿區五光十色，令人樂而忘返的生活。

球迷在國立競技場觀賽完畢後，亦可選擇往西南方向走，步行約 15 分鐘左右便可到達國際級名店和各種特色小店雲集的原宿商圈。原宿商圈有多熱鬧相信不用筆者多說，只是特別要提及的是在 JR 原宿站對面的 KAMO SOCCER SHOP 可說是全日本最大型的足球用品專屬商店，這店是一幢 5 層樓高的獨立商店，無論是日本球隊或是世界各國球隊的球衣和周邊商品，以及球鞋和足球訓練器材等用品都有發售，而且其中一層更是兒童足球用品專屬商店，可以為小朋友選購最合適的用品！

呲連國立競技場的原宿商圈是舉世知名的購物觀光區，國際知名品牌旗艦店和特色小店林立，足以讓人逛上一整天。

國立競技場

球場歷史

　　國立競技場由於位處明治神宮附近，也跟秩父宮橄欖球場和明治神宮野球場等日本殿堂級體育場組成龐大的體育場館群，大部分日本最重要的體育項目都在這一帶舉行，因此獲日本體育界稱為「聖地」。國立競技場落成後首項舉行的大型賽事是 1958 年第 3 屆亞運會，及後在 1964 年第 18 屆夏季奧運會也成為主場館。足球賽事方面，國立競技場也舉辦過 1979 年世青盃決賽圈，阿根廷球王馬拉多納就在此舉起個人首個國際賽獎盃。及後 1981 至 2001 年間，國立競技場也成為洲際盃主辦場地，2005 至 08 年也是世界俱樂部冠軍盃主辦地點，當然少不了是日本國家隊的主場比賽。不過國立競技場並沒有成為 2002 年世界盃決賽圈的主辦場地，雖然首屆 J 聯賽揭幕戰川崎讀賣對橫濱水手也是在此上演，不過 J 聯賽賽會不允許任何球隊以國立競技場成為官方主場，只有 FC 東京在 2000 年升上 J1 聯賽後，由於味之素球場仍未竣工，同區的味之素西丘球場規模不符合 J1 聯賽規定，所以才讓 FC 東京暫借國立競技場成為主場。

原宿商圈最繁盛的竹下通，是無論什麼時份都充滿遊客的好去處。

　　除了足球比賽，國立競技場也舉辦過橄欖球比賽、田徑賽、馬拉松比賽和演唱會，世界三大男高音、日本天團 SMAP、嵐、L'Arc~en~Ciel 和 AKB48 都曾經在此獻唱。

直到 2014 年，由於東京希望申辦 2020 年夏季奧運會，已啟用逾半世紀的國立競技場在配套上顯得老舊，所以日本政府決定將國立競技場拆卸並於原址重建現代化的大型綜合體育場。國立競技場於 2014 年底已停用，可是直到 2016 年才開始拆卸，經歷 3 年的重建工程後，終於在 2019 年 11 月竣工，並於 2019 年 12 月舉行開幕式，並特意邀請日本殿堂級球員三浦知良以表演嘉賓身份，成為在重建後的國立競技場上首個踢球

的人。第 99 屆天皇盃決賽亦於 2020 年元旦在此舉行，成為重建後首場舉行的體育賽事。

　　國立競技場將於第 32 屆夏季奧運會舉行開幕禮、閉幕禮、田徑賽事和女足項目決賽，雖然賽事因武漢肺炎疫情延期舉行，不過預計在奧運會期間，國立競技場將是盛況空前。

────────────────

在原宿站竹下口對面設有全日本規模最龐大的足球用品連鎖店 KAMO SOCCER SHOP，是 KAMO 集團總面積最大的分店，足球迷必須前往「朝聖」。

	地址	東京都新宿區霞ヶ丘町 10 番 1 號
	鄰近火車站	東京都營地下鐵国立競技場站及 JR 千馱ケ谷站
交通	**到達方法**	國立競技場位於新宿區蛋黃區，所以無論從東京都哪一個角落乘車前往都非常方便，從新宿站乘坐都營大江戶線更只須 4 分鐘便可到達国立競技場，只要從 2 號出口回到地表就是國立競技場了。如果是從原宿這一類坐 JR 比較方便的地方前往，亦可以乘坐 JR 到千馱ケ谷站下車，該車站只有一個出口，在出口沿左邊一直步行數分鐘便可到達。

國立競技場

國立競技場

使 用 球 隊	日本國家隊
啟 用 年 份	2019
容　　　 量	68,000 人
首場足球賽事	神戶勝利船 VS 鹿島鹿角 2020 年 1 月 1 日
入場人數最多 的足球賽事	神戶勝利船 VS 鹿島鹿角 2020 年 1 月 1 日，57,597 人
曾 經 舉 辦 的 比　　　 賽	天皇盃決賽

國立競技場大事紀	1958	前身國立霞丘陸上競技場啟用
	2012.2	為申辦 2020 年奧運會，日本政府確定拆卸舊國立競技場，並於原址重建新競技場
	2013.9.7	東京落實成為第 32 屆夏季奧運會主辦城市
	2016.12.11	動工拆卸舊國立競技場
	2019.7.3	確定繼續以「國立競技場」為正式名稱
	2019.11.30	竣工
	2019.12.21	舉行開幕式，前日本國腳三浦知良以表演嘉賓身份成為首名在重建後的國立競技場草地踢球的人
	2020.1.1	首次舉行運動項目活動 – 第 99 屆天皇盃足球賽決賽，神戶勝利船以 2 比 0 擊敗鹿島鹿角成為首支在國立競技場奪得冠軍的運動隊伍

東京味之素球場

東京味之素球場

　東京貴為日本的首都以及國際一級大都會，擁有一座龐大的足球場才能匹配她的地位。雖然已經在市中心擁有國立競技場，不過由於「國立」在日本體育界心目中是聖地，所以連位處東京的職業球隊也沒有以國立為主場，因此擁有接近 5 萬座席的東京味之素球場便應運而生。

偌大的東京味之素球場是 FC 東京球迷心目中的聖殿，每次主場出戰時無論晴雨都有數以萬計球迷一起高唱《You Will Never Walk Alone》支持球隊。

東京味之素球場位於東京西部市郊的衛星市鎮調布市，該區主要是獨立屋和只有數層高的住宅大廈林立的住宅區，所以在球場附近沒有大型康樂設施。不過要吃要玩還是有很多選擇。由於以味之素球場為首的武藏野之森公園是東京都政府規劃之下建造的運動主題公園，所以光是球場外便設有 FC 東京和東京綠茵兩支主場球隊的官方商店，以及擁有 4 層樓高的日本大型體育用品連鎖店 XEBIO SPORTS 的旗艦店，讓球迷能夠在觀賽前後盡情購物。同時在連貫球場與京王電鐵飛田給站球場通り設有多種不同特色的飲食店，從便宜簡約的食其家和 KFC 到中華料理和傳統日式居酒屋也有，絕對能夠滿足希望在比賽前後享受美食的球迷。

京王電鐵飛田給站的大堂掛滿 FC 東京和東京綠茵的旗幟。

飛田給站一帶充滿足球氣氛，連飲品售賣機和速食店都貼滿 FC 東京的裝飾。

　　如果覺得味之素球場附近的「平民式娛樂」不夠玩的話，返回最繁華的新宿和涉谷肯定能滿足所有人的需要。新宿和涉谷的吃喝玩樂如何多姿多采，相信不用筆者再費筆墨去形容，不過也可以介紹一下在這兩個地區的足球相關設施。日本最大型的足球用品連鎖店 KAMO Soccer Shop 都有在這兩個地區設分店，大部分 J1 聯賽、日本隊、日本旅外球員的歐洲聯賽球隊球衣也能在此找到。至於涉谷區 谷 1-22-11 K ビル 3 樓更設有中古（港稱「二手」）球衣專門店 Vintage Sports，無論是日本聯賽、歐美聯賽和世界各地的國家隊中古經典球衣都有可能在這裡找到，有些非常珍貴的球衣比如是「國寶」三浦知良在 1994 年世界盃資格賽時穿著的同款球衣，可以花接近 4 萬日元把它帶走，不過有時候也會找到一些接近 20 年歷史卻保存得相當好的球衣，售價只是數千日元。在中古店能否尋到寶物需要運氣相助，不過如果能夠找到心頭好的話，肯定會更加珍惜。

大型體育用品連鎖店 XEBIO SPORTS 在味之素球場一橋之隔的對岸開設旗艦店，除了可以選購不同種類的體育用品，天台也設有室內足球場，通往室內足球場的樓梯也掛滿東京綠茵球員穿過的簽名球衣。

球場歷史

味之素球場的所在地在二戰後是美日軍方的共同根據地，美軍在1973年撤出後，東京都政府便計劃將該地重建為大型綜合體育主題公園，及至1990年代才落實動工。適逢FC東京於1999年加入J聯賽，以及東京綠茵於2001年將根據地從川崎市搬到東京都，2001年落成的東京大球場便成為這兩支球隊共同使用的主場，首場在此處舉行的比賽便是2001年J1聯賽首戰，也是首場東京都德比戰–FC東京對東京綠茵。

東京大球場雖然擁有接近5萬座席，可是並沒有成為2002年世界盃決賽圈主辦場地，只

FC東京和東京綠茵的官方商店設於球場正門外，在正門前沿左邊樓梯往下走便是。由於東京綠茵已降到J2聯賽，所以FC東京商店的佔地遠比東京綠茵多。

在世界盃期間成為進駐當地的沙烏地阿拉伯隊主要訓練場地。到了2003年，食品集團味之素獲得球場冠名權，及後三度續約，因此目前球場正式名稱為東京味之素球場，簡稱為「味スタ」，只在去年的橄欖球世界盃決賽圈和即將舉行的東京奧運期間因為必須撤除非官方商業原素，才改回原稱「東京大球場」。

球場外的官方商店也有歷代FC東京和日本國家隊的球衣展示。

味之素球場起用後主要用作兩支J聯賽球隊的主場,並於2010和2017年主辦東亞盃決賽圈比賽。由於球場本身是容量很大的綜合體育場,而且位於東京都,所以也主辦過全國級運動會。在2019年橄欖球世界盃決賽圈,味之素球場也扮演非常重要的角色,包括揭幕戰日本對俄羅斯,味之素球場以8場比賽成為該屆決賽圈主辦比賽最多的球場,也因此令FC東京在2019年下半賽季連續8場聯賽需要踢客場,成為該隊無法首次稱霸J聯賽的主因之一。

除了體育項目,味之素球場也是大型演唱會的熱門主辦場地。在2002年6月28及29日便舉行一連兩天的世界盃官方演唱會,參與歌手和組合包括B'z、平井堅和倉木麻衣,及後SMAP、L'Arc en Ciel、DREAMS COME TRUE和AKB48也在這裡舉辦演唱會。

每當 FC 東京主場比賽開打，官方商店就會圍繞球場四周通道開設多個售賣球衣和周邊商品的攤位，吸引不少球迷選購。

除了主隊的商品攤位，味之素球場也設有一個攤位在客隊區，讓客隊也開設攤位讓球迷購買商品。不過如果要進入客隊區攤位的話，必須先脫掉主隊球衣，也不能展示任何與主隊相關的飾物和旗幟。

交通	地址	東京都調布市西町 376-3
	鄰近火車站	京王電鐵飛田給站
	到達方法	一般來說是從新宿或涉谷乘坐京王電鐵的京王線或京王井之頭線到調布站，然後在調布站轉乘區間車（日語稱為「各停」）到飛田給站下車，從飛田給站向北行 7 分鐘左右便到達味之素球場，交通所需時間約 40 分鐘。

東京味之素球場

使 用 球 隊	FC東京、東京綠茵
啟 用 年 份	2001
容　　量	49,970人
首場足球賽事	FC東京 VS 東京綠茵 2001年3月10日
曾經舉辦的 比　　賽	橄欖球世界盃、東亞盃足球賽、日本陸上競技選手權大會

東京味之素球場大事紀	1998	落實興建東京大球場
	2000.10	竣工
	2001.3.10	正式啟用，並舉行首場比賽 FC 東京 VS 東京綠茵
	2002.6.28	主辦世界盃官方演唱會，是該球場首次舉行演唱會
	2003.3.1	冠名為味之素球場
	2010	首次主辦東亞盃足球賽
	2013	主辦第 97 屆日本陸上競技選手權大會
	2016.1.1	首次主辦天皇盃決賽
	2019.9.20	主辦橄欖球世界盃決賽圈揭幕戰，同年主辦合共 8 場決賽圈比賽

横濱日産競技場

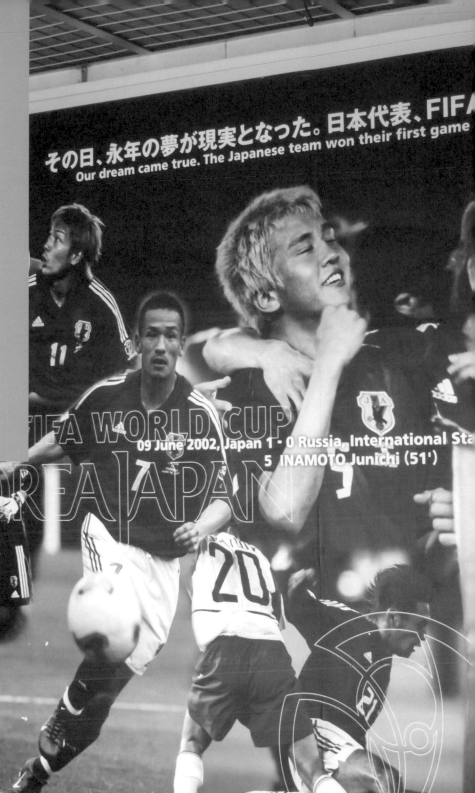

ルドカップ初勝利。
the FIFA World Cup™.

okohama

2002 FIFA WORLD
KOREA

橫濱日產競技場

　　日職球隊橫濱水手是 J 聯賽僅有兩支從來沒有降級的創會成員球隊之一（另一隊是鹿島鹿角），也榮獲 2019 年 J1 聯賽冠軍，根據地也是繁榮的大都市橫濱，因此以全日本觀眾容量最多的球場 – 日產競技場作主場，絕對是最匹配的組合。

　　和世界各地座落於大城市的球場一樣，日產競技場並非位於橫濱市的核心地段，不過在球場附近要吃要玩的話也是相當熱鬧。因為與球場相距最接近的 JR 新橫

濱站上蓋就是 10 層樓高的大型商場，日式、西式甚至中式餐廳都有，購物方面
則有大型書店、高島屋百貨公司、優衣庫和 Bic Camera，如果不想舟車勞頓，
希望看完球或購物後立即找一個休息地方，商場 10 樓還有飯店可以入住。

新橫濱站一帶雖非市中心蛋黃地段，站前商場設備還是一應俱全，完全能滿足球迷在餐飲、文娛、
購物等各方面的需要。

從新橫濱站只需步行 10 分鐘便可到達日產競技場，當然也可以從商場下層坐公車，不過如果是比賽日的話就不建議這樣做，因為沿路前往球場的球迷是數以萬計，乘車前往不是太方便。至於到了球場後，除了場內有很多售賣小吃和球隊官方商品的攤位，在球場正門外還設有橫濱水手的官方商店，幾乎所有想得出來的官方商品也有發售，所以如果到這裡看比賽的話，絕對值得提早 1 小時前來官方商店逛一下，特別是如果你想購買印上球員號碼和名字的球衣，就肯定要預留更多時間提早前往，因為排隊付款的球迷很多，而且職員熨印名字號碼需時，可能要在比賽前付款預訂，在比賽後才可拿走印好的球衣。另外，如果是非比賽日到日產競技場的話，還可以付 500 日元參加 1 小時球場之旅，絕對是物有所值喔!

日產競技場大門外設有橫濱水手的官方商店，在店內可購買球衣、訓練服、精品和零食等各種球隊官方產品，此外亦可於櫃檯向店員報名參加球場之旅。

橫濱日產競技場

除了官方商店和站前商場，在 JR 站到球場之間的小町還有小型拉麵博物館可以進內參觀。當然如果嫌玩不夠的話，也可以從新橫濱站坐市營地下鐵到市中心橫濱站，車程只須 10 分鐘左右，玩遍橫濱市一整天必能令球迷樂而忘返。

日產競技場是 2002 年足球世界盃決賽圈的主要比賽場地，為了留下歷史印記，因此在球場內滿佈當年比賽的圖片和相關資料。

球場歷史

　　如果說橫濱市為了世界盃而建設日產競技場，這說法只對了一半，原因是當初橫濱希望為在 1998 年舉行的第 53 屆國民體育大會建設全新的比賽場地，同時日本也正努力申辦世界盃決賽圈，因此橫濱市政府在 1994 年開始興建這場地，樓面高度比肩 7 層大廈的橫濱國際總合競技場在 3 年後竣工。這球場在 1998 年 3 月 1 日正式啟用，並於同日上演日本對韓國的第 4 屆皇朝盃揭幕戰，中山雅史在 18 分鐘射進這球場的第一個進球，也協助日本以 2 比 1 取勝。20 天後，這裡的新主人橫濱水手在 1998 年 J 聯賽揭幕戰迎戰同市的橫濱飛翼，是這場地首次上演 J 聯賽比賽，這場比賽也是 J1 聯賽上場次數最多的球員遠藤保仁的聯賽處子戰，當時他效力橫濱飛翼。

球場之旅的重點項目是參觀 2002 年世界盃冠軍巴西隊在當時使用的更衣室，讓球迷更深切地感受參與決賽的氣氛。

　　1 年後，日本樂團 B'z 在這場地舉行演唱會，開啟了知名歌手及樂團在這個容量逾 7 萬人的巨型場地舉行演唱會的大門，SMAP、Mr. Children、GLAY、

X JAPAN、AKB48、東方神起和福山雅治等藝能人都在此舉辦演唱會。及至2002年世界盃決賽圈，此地舉行了日本對俄羅斯、沙烏地阿拉伯對愛爾蘭和厄瓜多對克羅埃西亞3場小組賽，6月30日巴西以2比0擊敗德國的決賽也在這裡舉行，並創下69,029人的足球賽事最高入場人數紀錄。橫濱國際總合競技場在2005年起更名為日產競技場，並於2010年續約一次。到了2019年，日產競技場也成為橄欖球世界盃決賽圈的比賽場地，舉辦了4場小組賽、2場4強戰和決賽，南非在決賽擊敗英格蘭一戰更創下70,103人最高入場人數紀錄。

球場之旅其中一站是參觀球場的貴賓席，球場特地把貝利、馬拉多納等世界知名足球人物和日皇伉儷等政界名人，在2002年世界盃決賽時坐的座位包好，讓參觀者以名人角度俯瞰球場

球場之旅也讓參加者踏進場內，更能感受龐大球場的氣勢。

從火車站到球場的路上滿佈印有橫濱水手吉祥物的渠道蓋，為市內加添不少足球氣氛。

交通	地址	神奈川縣橫濱市港小區小機町 3300
	鄰近火車站	JR 新橫濱站及橫濱市營地下鐵新橫濱站
	到達方法	乘坐 JR 列車或新幹線抵達新橫濱站後，從西口穿過站前商場後左轉前行，步行約 10 分鐘後便到達。若乘坐橫濱市營地下鐵抵達新橫濱站，則在 8 號出口步行到地面後向前走，渡過鳥山大橋後左轉前行，同樣是步行約 10 分鐘後便到達。

橫濱日產競技場大事紀	1990	橫濱市政府決定興建總合運動公園及可容納逾 7 萬人的綜合體育場	1998 3.21	上演首場 J 聯賽比賽，橫濱水手 VS 橫濱飛翼
	1994	球場開始動工	1998 10.24	舉行第 53 屆日本國民體育大會揭幕式
	1996	落實成為 2002 年世界盃決賽圈場地	1999 7.30	上演 J2 聯賽比賽川崎前鋒 VS 大宮松鼠，是史上唯一在此上演卻沒有橫濱市球隊參與的 J 聯賽比賽
	1997 .10	竣工		
	1998 3.1	正式啟用，同日上演第 4 屆皇朝盃賽事日本 VS 韓國，成為首場於此舉行的比賽	1999 8.28	樂團 B'z 成為在此場地舉行演唱會的藝能人

橫濱日產競技場

橫濱日產競技場

使 用 球 隊	橫濱水手
啟 用 年 份	1998
容 量	72,327 人
首 場 足 球 賽 事	日本 VS 韓國 1998 年 3 月 1 日
入 場 人 數 最 多的 足 球 賽 事	巴西 VS 德國 2002 年 6 月 30 日，69,290 人
曾 經 舉 辦 的比 賽	足球世界盃決賽、橄欖球世界盃決賽、俱樂部世界盃決賽

2001.3	客量由 70,564 人增至 72,327 人
2001 6.10	舉行洲際國家盃決賽 – 法國 VS 日本
2002 6.9	舉行首場世界盃決賽圈賽事 – 日本 VS 俄羅斯，也是日本史上首場世界盃決賽圈勝利
2002 6.30	舉行世界盃決賽 – 巴西 VS 德國，創下 69,029 人的日本足球比賽入場人數紀錄

2002 12.3	首次舉行豐田盃
2003 11.29	橫濱水手在此擊敗磐田山葉，首次在此奪得 J1 聯賽冠軍
2004 10.7	日產汽車與橫濱市簽署冠名權合約
2005 3.1	正式更名為日產競技場
2013 8.17	韓國藝人團體東方神起成為此場地首個舉行演唱會的外國人
2014 12.13	首次舉辦天皇盃決賽
2019 11.2	舉辦橄欖球世界盃決賽 – 英格蘭 VS 南非，以 70,103 人創下最高入場人數紀錄
2019 12.7	橫濱水手擊敗 FC 東京奪得 J1 聯賽冠軍，亦以 63,854 人創下 J 聯賽最高入場人數紀錄

埼玉2002球場

埼玉2002球場

　　埼玉縣雖然毗連東京都，不過卻是日本人普遍認為是全國最沒趣的縣區之一，皆因當地缺乏著名的歷史名勝和旅遊景點，特別是在東京都人心目中，埼玉縣人民的衣著品味比較土。可是埼玉縣的足球風氣可說是全日本數一數二，特別是座落於埼玉縣的J聯賽創會成員浦和紅鑽是號稱球迷數量最多的日本球隊，造就浦和獲此雅號的原因，除了是因為埼玉縣民生活比較簡單，支持紅鑽便是生活的主要部分，還有他們擁有五星級主場－埼玉2002球場。

浦和美園站通往埼玉2002球場的長通道，在非比賽日顯得相當冷清。

埼玉 2002 球場一帶的浦和美園站區是當地的新開發住宅區，所以周邊設施坦白説並不算多，只在浦和美園站前有一所 AEON MALL 和數家日式料理店而已，從浦和美園站步行到球場的一段路，只會在比賽日時擺設流動店攤，在非比賽日更是一條長長的荒蕪之路。當然如果要觀賽的話，還是最好在開賽前 1.5 小時到達浦和美園站較好，因為在埼玉 2002 球場進行的比賽進場人數動輒是 3-4 萬人起跳，所以如果預算足夠時間到達的話，進場時會容易誤點。當然浦和美園站本身也有值得「打卡」的景點，例如月台的樑柱便貼滿浦和紅鑽球員的海報，在大堂則有以漫畫《足球小將翼》為主題的巨型彩色玻璃窗，讓球迷在車站已開始感受到足球氣氛。至於在球場內外則有各式飲食和紀念品攤位，讓球迷在觀賽之餘也能滿足口腹和購物慾。

浦和美園站大堂設有《足球小將翼》主題玻璃畫。

當然如果要在埼玉 2002 球場之外找娛樂的話，還是可以選擇在比賽前後到浦和站一帶。浦和站是埼玉縣的旗艦級 JR 車站，所以在站前不乏典型日式百貨公司和時尚店。在浦和站本身就已經設有浦和紅鑽官方商店，所有官方商品包括球衣、訓練服、休閒服、月曆、文具和吉祥物娃娃等均有發售，浦和紅鑽球迷絕對不容錯過。至於浦和站北口不遠處更有浦和紅鑽史上進球最多球員興梠慎三開設的燒雞店「ローストチキンコオロギ」，該店更是興梠慎三的兄長親自打理！不過由於浦和站跟浦和美園站有一段距離，轉乘 JR 和埼玉高速鐵道所需約半小時，所以必須預留多一點時間造訪。

球場附近的自動販賣機也充滿浦和紅鑽特色。

浦和美園站前的日式料理店是當地為數不多的店鋪之一。

埼玉2002球場

球場歷史

　　埼玉 2002 球場基本上是為足球比賽而設的場地，所以自從 2001 年起用後，接近 20 年間幾乎沒有主辦過足球以外的比賽和大型活動。不過這樣反而令埼玉 2002 球場成為近年最熱門的日本足球比賽場地，特別是受到日本足協的青睞。主因是埼玉 2002 球場沒有被橄欖球比賽和演唱會影響草地質素，而且擁有逾 6 萬個座席，加上日本足協大樓位於東京都心北部，相比之下埼玉 2002 球場比橫濱的日產競技場較接近，所以縱然後者座席更多，日本足協在最近 10 年也將國家隊主場比賽多半移師到埼玉 2002 球場舉行。

浦和美園站外牆也充滿足球氣氛。

埼玉 2002 球場是為世界盃決賽圈而興建的大型球場，所以在 2002 年世界盃決賽圈也獲得 4 場比賽的主辦權，分別是英格蘭對瑞典、日本隊在該屆賽事首場賽事－日本對比利時、喀麥隆對沙烏地阿拉伯和 4 強戰巴西對土耳其。在世界盃完結後，埼玉 2002 球場則一直是浦和紅鑽的主場，不過浦和的同縣死敵球隊大宮松鼠因為主場改建，一度把主場賽事移師在此舉行，對於大宮球迷來說是不想回憶的往事。在國立競技場重建後，埼玉 2002 球場更取代國立競技場成為日本足球界舉行決賽的熱門場地，聯賽盃、天皇盃和超級盃決賽都在這裡舉行，也因為浦和紅鑽 3 次打進亞冠決賽，而成為決定亞洲王者誰屬的舞台。隨著新國立競技場重新啟用，埼玉 2002 球場雖然難逃「大政奉還」的命運，不過在日本足球界的地位仍然崇高。

比賽日期間，球迷可以在浦和美園站外的 3 號公車站乘坐特別公車直達球場。

浦和美園站的大堂樑柱貼滿球員海報。

浦和美園站前的超商也掛上簽名球衣為主隊打氣。

浦和站通往百貨公司的地下通道設有浦和紅鑽官方商店。

官方商店外的櫥窗掛滿浦和紅鑽歷代名將的相片和球衣，讓途人更了解球隊的輝煌歷史。

	地址	埼玉縣さいたま市 美園二丁目 1 番地
交通	鄰近火車站	埼玉高速鐵道線浦和美園站
	到達方法	從新宿或東京站乘坐 JR 到赤羽站下車後，往北步行約 12 分鐘，到東京メトロ赤羽岩淵站乘坐埼玉高速鐵道到總站浦和美園站，下車後可向北行約 15-20 分鐘便可抵達，比賽日亦有特別公車從浦和美園站前直達球場。另外從東京站出發亦可乘 JR 到王子站後，直接轉乘東京メトロ南北線到浦和美園站，至於在新宿亦可坐山手線北行到駒込站轉車到浦和美園站。

埼玉2002球場

使 用 球 隊	浦和紅鑽、日本國家隊
啟 用 年 份	2001
容 量	63,700 人
首場足球賽事	浦和紅鑽 VS 橫濱水手 2001 年 10 月 13 日
入場人數最多 的 足 球 賽 事	日本 VS 阿曼 2012 年 6 月 3 日，63,551 人
曾 經 舉 辦 的 比 賽	足球世界盃 4 強戰、亞冠決賽、 天皇盃決賽、日本聯賽盃決賽

埼玉2002球場大事紀	年份	事件
	1992	埼玉縣足協提出建設新球場，同時提出以新球場作為 2002 年世界盃決賽圈主場
	1998	球場開始動工
	2000	落實新球場稱為「埼玉 2002 球場」
	2001.10	竣工
	2001.10.13	舉行首場比賽，由浦和紅鑽對橫濱水手，以 60,553 人進場創下 J 聯賽進場人數最多比賽紀錄
	2001.11.7	舉行首場國際賽日本對義大利
	2002.6.2	舉行首場世界盃決賽圈賽事，英格蘭對瑞典
	2002.6.26	舉行世界盃 4 強戰巴西對土耳其
	2005	大宮松鼠因主場改建而把主場比賽移師至此舉行
	2014.11.8	首次舉行日本聯賽盃決賽，由大阪飛腳對廣島三箭
	2018.1.1	首次舉行日本天皇盃決賽，由大阪櫻花對橫濱水手

大宮NACK5球技場

　　位於埼玉縣的大宮市在足球歷史上並不耀眼，由於同縣有 J 聯賽傳統勁旅浦和紅鑽存在，所以縱然大宮也有 J 聯賽球隊大宮松鼠，卻因為雙方在成績和歷史上差很遠，所以大宮松鼠並沒有為所屬城市帶來很多人氣。相反大宮松鼠的主場 NACK5 球技場卻因為歷史悠久，從 1960 年代起便舉辦奧運會和世青盃等多項賽事，所以在日本足球歷史上佔有不小的地位。

　　NACK5 球技場位於大宮公園內，大宮公園是明治 18 年（1885 年）啟用的都會公園，設施相當齊全，除了足球場還有田徑場和棒球場，而且園內有兩個神社，分別是冰川神社和埼玉縣護國神社，據說在新年時有 20 萬人前來參拜。同時公園北面的埼玉百年之森是東日本地區著名的賞櫻聖地，如果是 3 月末至 4 月初到訪的話就可以欣賞櫻花海。另外在球技場步行約 5 分鐘便有小動物園，面積雖小卻有數千種陸上及鳥類動物居住，而且在特定時間更會讓動物出籠，讓遊客直接觸摸可愛的動物。

　　從 JR 大宮站步行到大宮公園和 NACK5 球技場只須 20 分鐘，所以大部分球迷都是從大宮站步行到球場，特別是從大宮市以外前來的遊客。大宮站不僅是埼

動物園外也設有小型遊樂園，可以讓家長陪同小朋友一起玩樂。

在 NACK5 球技場旁設有小型動物園，可以讓球迷攜同小朋友認識大自然。

玉縣最大的車站，而且還是 14 條 JR 線的停靠站，是東京站以外日本全國路線停靠最多的車站。因此大宮站一帶是相當繁華的商業區，從傳統的高島屋和東急百貨公司，到新式商場 DOM 都圍繞在大宮站旁營業，而且大宮站東口一帶更有多條傳統日式商店街，從高檔貨至平民 100 元店，各國料理店都有，加上從大宮站穿過商店街後，就可以到達大宮松鼠的官方商店，無論是哪種類型的球迷，在大宮遊玩一定不會失望。

走過官方商店後便進一步接近大宮公園，設於公園內的冰水神宮可供遊客參拜，神宮前設有鳥居和長廊，讓人在進宮前洗滌心靈。

球場歷史 🏟

大宮足球場是日本最初期興建的足球專用場地，從 1960 年開始啟用，由於當時的周邊環境還沒完全開發，所以球場是被濕地包圍，據說足球被踢飛離開球場範圍的話，便需要踏進濕地撿球。大宮足球場在 1962 年 11 月獲選為 1964 年東京奧運足球項目的比賽場地，於是為球場興建觀眾席看台。完成奧運場地重任後，大宮足球場在 1965 和 1971 年兩度成為 U19 亞洲盃決賽圈比賽場地，再來就是 1979 年世青盃決賽圈，大宮足球場再度成為比賽場地。在這屆比賽中，大宮足球場承辦了 B 組小組賽，這一組正是由馬拉多納（Diego Maradona）率領的阿根廷領銜，結果大宮足球場就成為「小馬哥」登上球王之路的首站。

到了 J 聯賽時代，雖然大宮市沒有球隊成為創始會員，不過由於鄰近的浦和市球隊浦和紅鑽進行主場翻修工程，所以在 1992 年的聯賽盃和 1994-95 年之間借用大宮足球場為

NACK5 球技場雖然已經有 60 年歷史，不過由於近年進行過大幅重修，所以在外觀上仍然相當現代化。

喜歡欣賞藝術文化展覽的球迷，也可以在前往球場觀賽前到前往球場途中的市立博物館參觀不同形式的展覽。

主場，對於後來以浦和紅鑽為宿敵的大宮球迷來說是相當諷刺的歷史。及至1996年，以大宮為根據地的NTT關東足球隊更名為大宮松鼠參加JFL聯賽，從此大宮足球場便成為大宮松鼠的主場，大宮松鼠在1999年加入J聯賽後便成為職業球隊的恆常比賽場地。

大宮公園中央有人工湖，在等待看球前遊覽一下可令人心曠神怡。

由於踏進千禧年後大宮足球場設施老化，而且球場受限於位處大宮公園之內無法進行大規模擴建，所以在2002年世界盃決賽圈再沒有獲選為比賽場地。不過由於接近另一世界盃決賽圈主要場地埼玉世界盃2002球場，特別是四強賽巴西對土耳其在埼玉舉行，所以大宮足球場成為巴西隊備戰四強戰的場地，據說後來成為世界足球先生的Ronaldinho在球場的更衣室簽名留念。

到了2005年，為了讓球場能繼續符合J聯賽標準的球場，所以球場進行歷時2年的重修，將觀眾席數量從12,500人增至15,500人，並將球場冠名權售予當地的電台FM NACK5，從而成為目前從外觀看起來相當現代化的大宮NACK5球技場。雖然大宮NACK5球技場無緣成為第32屆奧運會比賽場地，不過由於埼玉2002世界盃球場再次獲選為比賽場地，所以預計大宮NACK5球技場將再次獲徵用為備戰場地。

交通	地址	埼玉縣さいたま（埼玉）市大宮區高鼻町4
	鄰近火車站	JR大宮站
	到達方法	從新宿站或東京站乘坐JR前往大宮站，行程約30-40分鐘。下車後在大宮站東口沿著商店街向東北方向步行，約20分鐘後便到達球場。若在埼玉縣內亦可乘坐東武電鐵野田線到北大宮站或大宮公園站，下車後步行約15分鐘便可到達。

大宮NACK5球技場

使 用 球 隊	大宮松鼠
啟 用 年 份	1960
容　　　量	15,500 人
曾 經 舉 辦 的 比　　　賽	1964 年東京奧運會足球項目、1971 年 U19 亞洲盃決賽圈、1979 年世青盃決賽圈、皇后盃決賽

1990.4.9	落成啟用
1964.10.11	舉行第 10 屆夏季奧運會足球項目首場賽事－羅馬尼亞以 3 比 1 擊敗墨西哥，及後舉行 3 場小組賽和 1 場 8 強賽
1965.5.1	舉行兩場 U19 亞洲盃決賽圈賽事，分別是日本以 2 比 1 擊敗南越和香港以 4 比 1 擊敗菲律賓
1971	再次成為 U19 亞洲盃決賽圈主辦場地
1979.8.26	舉行世青盃決賽圈首場賽事－波蘭以 2 比 0 擊敗南斯拉夫，及後舉行 5 場小組賽和 1 場 8 強賽
1992	成為 J 聯賽球隊浦和紅鑽其中一個主場場地
1996	成為 JFL 球隊大宮松鼠主場
2002	世界盃決賽圈期間成為巴西隊訓練場地
2008	當地電台 NACK 5 獲得冠名權
2011~14	連續 4 年榮獲 J 聯賽最佳球場草地賞
2012.12.24	首次舉辦皇后盃決賽－INAC 神戶雌獅以 1 比 0 擊敗千葉市原女子隊
2019	在橄欖球世界盃決賽圈期間短暫租借予 FC 東京舉行主場賽事

大宮NACK5球技場

川崎等等力陸上競技場

川崎等等力陸上競技場

　　川崎讀賣是日本足球史上其中一支最偉大的球隊，雖然他們的輝煌已成漸行漸遠的歷史，球隊也已經離開川崎搬到東京，可是在日本足球界的地位仍然相當崇高。等等力陸上競技場便是構建讀賣皇朝的基石，後來者川崎前鋒亦成為當今日本足壇的頂級強隊，令「等等力」繼續成為足球王者之家。

　　等等力陸上競技場位於川崎市多摩川一帶，無論是跟東京或是橫濱的距離都很近，加上川崎前鋒近年成績相當不錯，還經常參與亞冠賽事，所以到關東旅遊的話可以選擇到這裡看球。由於川崎市是住宅為主的地區，所以坦白說在球場一帶甚至是川崎市內都沒有超大型的娛樂休閒設施、名勝古蹟或旅遊景點，所以如果要吃喝玩樂盡興之娛，還是把這些生活留在比賽日以外在東京或橫濱市比較好。

等等力球場附近的小店均貼滿川崎前鋒的官方宣傳海報以示支持。

　　當然川崎市和等等力陸上競技場周邊並非像浦和美園站一帶荒蕪，既然是大型住宅區，當然是基本生活所需是一應俱全。其中一個最接近球場的 JR 車站武藏小杉站是神奈川縣其中一個主要車站，所以不缺日本主要車站必備的站上大型商場和百貨公司。如果想要來一點不同的話，可以選擇在距離球場更近的東急電鐵新丸子站下車。車站附近是下町式的商店街，光是從車站步行至球場的地段便有和式料理、西式料理、中華料理、雜貨店、書店、便當店、特色服

球場外舖上刻有川崎前鋒吉祥物的瓷磚。

裝店和酒類專賣店，雖然比賽日期間來往這些街道的人流不少，不過也能感受一下日本小町風味。誠然日本的高科技和五光十色的大都會生活令人非常嚮往，不過小町也有特別的韻味，是在其他國家難以感受的，所以可以趁著觀看川崎前鋒比賽的機會，在新丸子町一帶感受一下，也是不錯的體驗。

等等力陸上競技場與新丸子站之間的小町設有各式料理店，位於車站附近的三ちゃん食堂更因為日劇《孤獨的美食家》而聞名。

球場歷史

　　等等力陸上競技場於 1962 年便啟用，從 1986 至 2015 年進行過 4 次擴張或改建，是擁有奧運級別田徑設備的綜合運動場。由於球場所在地川崎市位於東京都和神奈川縣第一大城市橫濱之間，所以從規模來說，等等力陸上競技場不及日產競技場、國立競技場和味之素球場，而且在設備上也比較老舊之下（球場仍然有部分觀眾席是站席），在這裡舉行過的國際大賽次數不多，僅有國際田徑協會從 2011 至 2017 年在這裡舉行過 5 次黃金聯賽分站賽事。不過也因為地理位置與東京毗連，所以在大型國際比賽期間也獲選為備戰場地，比如是 2002 年世界盃決賽圈期間成為克羅埃西亞隊的訓練基地，2020 年東京奧運期間也成為英國田徑隊和七人欖球隊的訓練基地。

　　等等力陸上競技場多年來的主要用途是舉行足球比賽，從 1965 年首屆日本足球聯賽（JSL）開打以來便是聯賽主場比賽場地（當時球隊並沒有特定主場），特別是讀賣足球隊於 1969 年成立後便以等等力陸上競技場成為主場，及後讀賣隊於 1987 年首奪聯賽錦標，以及 1993 年該隊更名為川崎讀賣並改為參與新成立的 J 聯賽，然後在 1993 和 1994 年兩度奪得 J 聯賽冠軍，也是在等等力球場舉起冠軍獎盃。及至 2000 年完成最後一場主場聯賽賽事後，川崎綠茵在翌年將主場搬到東京，才結束該隊在等等力陸上競技場的 32 年進駐歷史。

等等力陸上競技場雖然只有 3 萬個座席，外貌仍然相當宏偉。

在讀賣足球隊和川崎綠茵進駐期間，等等力陸上競技場也有其他球隊使用，比如是東芝足球隊於 1979 年首次升上 JSL 甲級聯賽後便在這裡進行主場比賽，及至 1993 至 95 年轉戰 JFL 聯賽仍然在此比賽。直到 1996 年東芝足球隊搬到北海道並改名為札幌岡薩多才結束與等等力陸上競技場的合作關係。

等等力陸上競技場設有川崎前鋒官方商店，球迷可選購各種官方產品，也可以在這裡購買印有球員名稱號碼的球衣，不過必須在下半場開始前購買，才可以在比賽完結後返回商店取貨。

新丸子站前的書店內設有川崎前鋒官方商店專櫃，可在此選購多種官方商品。

綠茵隊離開等等力陸上競技場後，川崎前鋒便成為球場的唯一主人。川崎前鋒的前身富山通隊早於 JSL 年代便使用等等力，及後在 1992 年參與 JFL 聯賽後才以此成為主場。球隊後來更名為川崎前鋒並於 2000 年首次升上 J1 聯賽，便與川崎綠茵共用主場，同年舉行 4 次川崎德比（2 次聯賽和 2 次聯賽盃賽事），翌年綠茵的離開令川崎德比成為絕響。川崎前鋒使用等等力至今，該隊於 2017 和 2018 年兩度奪得 J1 聯賽冠軍，令聯賽獎盃事隔 23 年後再度重臨。

新丸子站外有大型超市，讓球迷進場前可以購買食品享用。

新丸子站外設有告示牌，指示球迷如何前往等等力陸上競技場。

	地址	神奈川縣川崎市中原區等々力 1-1
交通	鄰近火車站	JR 武藏小杉站及東急電鐵新丸子站
	到達方法	從新宿或東京站乘坐 JR 到武藏小杉站，車程約 20 分鐘，從北口向西北方向步行約 20 分鐘便可到達。另一方法則是從涉谷或武藏小杉轉乘東急電鐵東橫線前往新丸子站，從西口向西北方向步行約 15 分鐘便到達。由於比賽日並沒有專用公車前往球場，所以大部分入場觀眾都是從車站直接步行到球場，因此只要跟著人群步行就沒大問題，也需要作好步行的準備，特別是在炎夏日子。

等等力陸上競技場

使 用 球 隊	川崎前鋒
啟 用 年 份	1962
容 量	27,495 人
曾 經 舉 辦 的 比 賽	皇后盃決賽、國際田協黃金聯賽、日本陸上競技大會

等等力陸上競技場大事紀	1962	落成啟用
	1965	開始成為日本足球聯賽（JSL）比賽場地
	1969	成為讀賣足球隊（東京綠茵前身）的主要比賽場地
	1980	東芝足球隊（北海道札幌岡薩多前身）以此成為主場
	1993	J 聯賽成立後成為川崎讀賣（東京綠茵前身）的主場
	1995	東芝足球隊撤出球場
	1999	川崎前鋒參與 JFL 聯賽並開始以此為主場
	2000.4.22	首次上演 J1 聯賽川崎德比，川崎綠茵以 2 比 0 擊敗川崎前鋒
	2001	綠茵隊撤出球場
	2002	世界盃決賽圈期間成為克羅埃西亞隊訓練場地
	2008	舉行第 92 屆日本陸上競技大會
	2011	首次舉行國際田協黃金聯賽賽事
	2015.12.17	舉行第 37 屆皇后盃決賽，神戶 INAC 雌獅以 1 比 0 擊敗新潟天鵝女子隊
	2017.10.20	橫濱 FC 借用球場舉行對町田澤維亞的 J2 聯賽賽事
	2019	落實將於第 32 屆奧運及帕奧期間成為英國奧運隊訓練場地

横濱三澤公園球技場

橫濱三澤公園球技場

　　説起橫濱市的大型足球場,曾經舉辦過世界盃決賽的日產競技場相信不少球迷都認識,不過除了這座國際一級體育場,橫濱市還有歷史地位更高的三澤公園球技場,是日本足球迷必須到此一遊之地。三澤公園球技場容量較少是最大特色,正因為容量少才更容易營造熱烈的比賽氣氛,連日本足球殿堂級球隊橫濱水手也偶爾安排比賽在這裡進行,加上橫濱 FC 和 Y.S.C.C. 橫濱兩支 J 聯賽球隊也以這裡為大本營,令三澤公園球技場在賽季期間不愁寂寞。

　　顧名思義,這球場是位於橫濱市中心附近的三澤公園內,三澤公園是以體育為主題的公園,因此以足球場為首的多個體育場地,例如網球場、田徑場和溜冰場等已經佔據了公園大部分版圖,不過公園內仍然有小部分地方是種滿櫻花樹的庭園,所以如果 3 月到訪的話,便可以順道享受賞櫻之樂。

三澤公園球技場五臟雖小,每逢比賽日主隊仍然把它佈置得相當具備主場氣勢。

三澤公園附近全是住宅和校園,所以如果要在賽前吃喝玩樂的話,還是在橫濱站一帶的都心地帶較好。橫濱站一帶是整個神奈川縣最繁華的地方,高島屋之類的傳統日式百貨公司、新式的大型潮流商品百貨公司 VIVRE、數之不盡的日式下町居酒屋和美食街全部都有,如果想去馳名世界的橫濱中華街逛一下,也只需要在橫濱站乘坐約 10 分鐘市營地下鐵便可前往。

橫濱 FC 沒有實體商店,比賽日在場外的攤位便是最容易購買官方產品的途徑,所以攤位總是堆滿希望購買官方商品的球迷。

　　不過如果到橫濱市遊玩的話,筆者必須跟球迷們推薦安排時間參觀橫濱 FC 的公開訓練。原因是日本球隊在比賽日是專心應付比賽,所以幾乎不會在比賽日跟球迷簽名和握手。故此如果要近距離跟三浦知良和中村俊輔等橫濱 FC 傳奇級球星接觸,就必須透過觀看操練,以及在訓練後才有機會跟他們握手和索取簽名。

橫濱 FC 的開放訓練每次均
能吸引不少球迷到場觀看。

訓練過後,球迷可在訓練場外
的專用區等候球星前來簽名。

橫濱 FC 的訓練場在保土ケ谷 川島町 522-3,從橫濱站乘坐相鐵本線到和田町
站或上星川站下車,在站西口步行不遠便有公車前往,於淨水場裏站下車步行 5
分鐘便到達。至於什麼日子可以觀看操練,球迷可以在官網的日程表(https://
www.yokohamafc.com/team/schedule/)獲得最新資訊,寫上「一部非公開 /
トレーニング後のファンサー
ビス等あり」的日子便可以觀
操,不過觀操期間只可以用眼
睛觀看,不能拍照和拍影片,
直到訓練完畢後的簽名時間才
可拍照,不過能否合照須視乎
球星本人意願,所以謹祝有興
趣追星的球迷們好運。

年逾半百的日本傳奇球星三浦知良每天
都參與訓練,成為觀看訓練的最大賣點。

球場歷史

三澤公園球技場是目前 J1 聯賽球隊使用過,目前還健在的最古老球場。這個位於橫濱市中心的球場在 1955 年便起用,是為當年在橫濱市主辦的國民體育大會而設的專用足球場,後來偶爾也成為橄欖球場。由於擁有悠久歷史,所以三澤公園球技場也是目前是僅有主辦過 1964 年奧運會和 1979 年世青

橫濱 FC 的球隊總部大樓擁有職業球隊必須配備的一切訓練設施,讓球員獲得最優秀的訓練。

盃決賽圈,目前仍然獲 J 聯賽球隊使用的球場之一(另一個是人宮足球場)。在 1964 年奧運會後,日本成立 JSL 聯賽,足球專用的三澤公園球技場自然成為部分球隊的主場,古河電工(千葉市原前身)、日產自動車(橫濱水手前身)和全日空橫濱(橫濱飛翼前身)3 支球隊便以這裏成為共用主場。

到了 J 聯賽時代,橫濱水手和橫濱飛翼繼續留守,及至 1998 年橫濱國際綜合體育場啟用,橫濱水手率先撤出,及全 1998 年結束後橫濱飛翼收歸水手旗下,三澤公園球技場便餘下在 JFL 聯賽的橫濱 FC 留守。到了 2000 年,橫濱水手將部分主場賽事搬回三澤公園球技場舉行,翌年橫濱 FC 加入 J2 聯賽,令這球場再進入成為兩支 J 聯賽球隊主場的時代。及至 2012 年橫濱 Y.S.C.C. 加入 JFL 聯賽並以此處作主場,2014 年加入 J3 聯賽後,三澤公園球技場更成為日本唯一有 3 支男子職業足球隊進駐的球場。在 2019 年,3 支球隊合共在三澤公園球技場舉行 44 場聯賽(橫濱水手 5 場、橫濱 FC22 場、Y.S.C.C. 橫濱 17 場),以及 3 場天皇盃和 3 場聯賽盃賽事,成為 J 聯賽史上年度使用率最高的球場。

歷史久遠是三澤公園球技場的特色,因此球場設施相比其他 J1 聯賽球隊的球場稍有不足,比如是座位數僅能符合 J1 聯賽球場的 1.5 萬個座席標準,是 J1

隨着橫濱 FC 近年的成績愈來愈好,前來三澤公園球技場看球的球迷也愈來愈多,比賽氣氛也愈來愈強。

橫濱 FC 的吉祥物在比賽前和半場休息時會出來跟球迷互動。

聯賽容量最少的球場,若是橫濱水手在此舉行聯賽主場賽事則肯定是一票難求。而且雖然球場在 1993 年進行過第 2 次重修,基本設施還不致於算是老舊,可是三澤公園球技場只有主看台部分位置設有屋簷,未能符合 J1 聯賽主場必須有 1/3 坐席是有屋簷的規定,另外洗手間數量比例也不符合規格,難怪橫濱 FC 的國寶級球星三浦知良在 2019 年球隊獲得升級資格後,也明言希望市長撥款重修球場。

地址		神奈川縣橫濱市神奈川區三ツ沢西町 3-1
鄰近火車站		橫濱市營地下鐵三ツ沢上町站
交通	到達方法	在 JR 橫濱站西口市營公車站 3、6-10 號乘坐場坐公車到球場比坐地下鐵更快,在橫濱站坐公車需時約 10 分鐘,然後跟隨人群進入三澤公園步行約 5 分鐘便可到達。球迷亦可從 JR 橫濱站或新橫濱站乘坐市營地下鐵到三ツ沢上町站,然後沿著馬路步行約 15 分鐘便到達,不過沿途上下斜坡較多,所以應盡量乘坐公車前往。因為球場距離橫濱站不算遠,所以如果是數人一起前往,也可以考慮乘坐計程車直達公園外,然後徒步 3 分鐘左右便可到達。

橫濱三澤公園球技場

三澤公園球技場

使用球隊	橫濱 FC、橫濱水手、Y.S.C.C. 橫濱
啟用年份	1955
容量	15,454 人
曾經舉辦的比賽	1964 年奧運足球項目、1979 年世青盃決賽圈

三澤公園球技場大事紀		
	1955	為舉行第 10 屆國民體育大會而落實興建
	1964	為籌備主辦奧運足球項目賽事進行擴建
	1964.10.11	舉行首場奧運足球項目賽事 – 東西德聯隊 VS 伊朗，同年合共舉行 6 場奧運男足項目賽事
	1965	首屆日本足球聯賽（JSL）展開，成為古河電工、日產自動車和全日空橫濱 3 支球隊的主場
	1979.8.6	舉行首場世青盃決賽圈賽事 – 蘇聯 VS 匈牙利，同年合共舉行 7 場世青盃賽事
	1993	為達成 J 聯賽主場容量規定而進行擴建
	1993.5.16	舉行首場 J 聯賽比賽 – 橫濱飛翼 VS 清水心跳，同年起成為橫濱飛翼及橫濱水手共用主場
	1998.1.24	舉辦第 53 屆國民體育大會，並成為橄欖球項目主要場地
	1998.11.17	橫濱飛翼進行最後一場主場賽事 –2 比 1 勝福岡黃蜂
	1999.5.3	橫濱 FC 進行首場主場賽事 –JFL 聯賽 VS 水戶蜀葵
	2000.4.5	橫濱水手與橫濱飛翼合併後進行首場聯賽 –2 比 1 勝仙台維加泰
	2003.11.8	舉行首場橄欖球聯賽比賽 –NEC 綠火箭 VS 福岡藍隊
	2008	日本發條獲得冠名權，球場正式名稱更改為 NHK 三澤球技場
	2012.3.18	橫濱 Y.S.C.C. 首次舉行主場賽事 –JFL 聯賽 VS 長野帕塞羅

千葉福田電子體育場

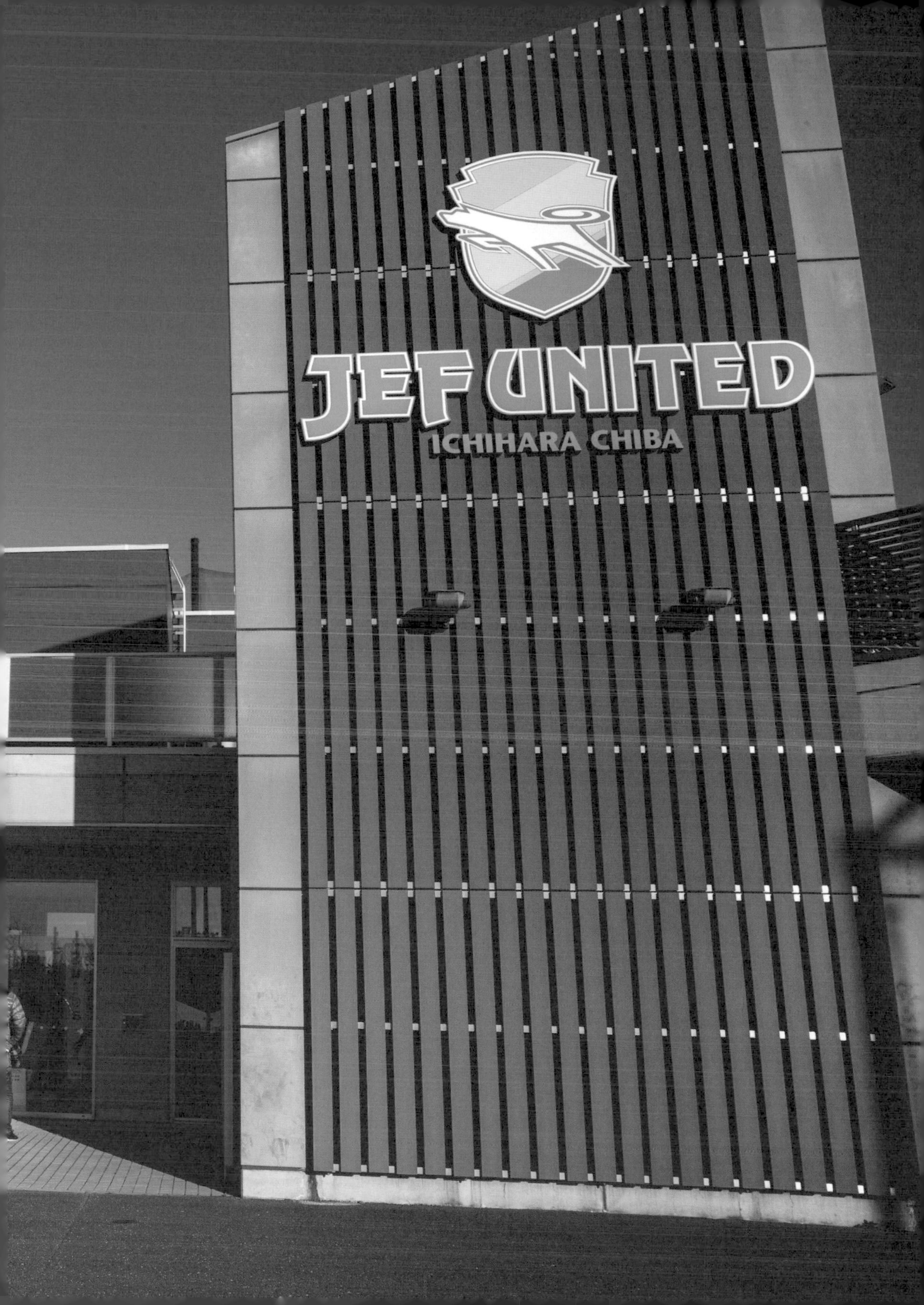
JEF UNITED
ICHIHARA CHIBA

千葉福田電子體育場

　　千葉縣跟東京都的關係可謂千絲萬縷，連舉世知名的成田機場和東京迪士尼樂園，其實也是位於千葉縣境內。所以身為與東京都關係最密切的地區，千葉縣在足球領域上也不願認輸。千葉市原便是 10 支日職始創球隊之一，而且她的前身古河電工足球部在 1986 年成為首支奪得亞洲球會冠軍盃的日本球隊。縱然千葉市原近年發展並不如意，不過他們的主場千葉福田電子體育場也是關東其中一個最知名的球場，絕對值得拜訪一下。

　　千葉福田電子體育場位於千葉市中央的蘇我區，雖然蘇我區主要是由 JR 鐵路東邊的住宅區和西邊填海區的古河電工工場區所組成，區內並沒有大型百貨公司和名店，不過應付正常的生活機能還是綽綽有餘，包括接待球迷在比賽前後的飲食和消遣需要。在球場對面便有一座巨型獨棟房式的商場 GLOBO，裏面可説是應有盡有，包括古着屋、體育服飾店、飲食店、DAISO 等，適合看完比賽後的一家老少吃飯和購買日用品。

千葉福田電子球場雖然容量不足 2 萬人，不過由於觀眾席跟草地非常接近，所以感覺既宏偉又親切，無論從任何位置看球都充滿現場感。

　　從球場向東北方向走遠一點，大約只是數分鐘路程左右，便充滿日式串燒店、居酒屋、燒肉店、迴轉壽司店和牛排店，該區的商店都是獨棟的平房，所以店舖面積都比較大，縱使比賽前後食客人流很多也能容納，絕對可以免於等候座位之苦，反之可以慢慢品嚐美味的料理。

　　從球場往北走大約 10 分鐘左右，便有齊集約 100 家店的 Ario 蘇我商場，多個日本和世界品牌都有商店進駐，比如是 ABC Mart、Super Sports Xebio、Tower Records 等。Ario 蘇我商場亦設有超過 20 所日式和洋式飲食店，也有伊藤洋華堂（Ito Yokado）超市，是當地人周末的好去處，如果想在比賽日增添更多生活趣味，在 Ario 蘇我商場必可滿足所有人。

球場所在的蘇我區是住宅區，雖然沒有巨型百貨公司和名店，不過也有家居式商場和各式居酒屋，在比賽前後購物和吃飯也不是問題。商場內也有千葉市原球衣贊助商的專賣店，出售歷屆球隊球衣和周邊產品。

球場歷史 ⚽

　　千葉福田電子球場所在的蘇我區主要由古河電工的製鐵工場和住宅區所組成，千葉市原的前身也是古河電工的足球部，所以當日本職業足球聯賽要求 J1 聯賽球隊主場需要有 1.5 萬個固定座席，由於千葉市原本來的主場市原臨場體育場不符合資格，加上千葉縣申請成為 2002 年世界盃決賽圈主辦球場失敗，導致興建 5 萬人容量新球場計劃告吹之下，千葉縣政府在 2003 年因利成便，在蘇我區古河電工製鐵工場附近興建現代化新主場，讓千葉市原這支球隊正式「回家」。

球場外表相當壯觀，是千葉市蘇我區著名的地標。

　　經過 2 年時間興建後，千葉福田電子球場在 2005 年正式啟用，主要成為千葉市原一隊、參與大和撫子甲級聯賽的女子隊和各級青年軍使用的主場，偶爾也成為國際賽特別是女子隊比賽的主辦場地，2017 年的東亞盃女子決賽圈賽事便

在此舉辦，此外也曾經成為日本橄欖球職業聯賽的比賽場地。可是由於千葉福田電子球場縱然跟東京都相距不遠，可是坐席容量不及地理位置與東京都更接近的味之素球場、埼玉 2002 世界盃球場和日產競技場等，所以很少有機會舉辦大型國際比賽，音樂活動也只有 2017 和 2018 年的 JAPAN JAM 音樂會在此舉辦，因此這球場幾乎等同千葉市原專屬享用。

球場外便是千葉市原的基地和訓練場，基地內設有官方商店，商店門外則設有櫥窗放滿球隊歷年來獲得的獎盃和獎狀。

球場內設有千葉市原專屬球隊紀念品商店攤販，讓球迷在比賽期間購買官方商品。

千葉福田電子體育場

使 用 球 隊	千葉市原
啟 用 年 份	2005
容 量	19,781 人
首場足球賽事	千葉市原 VS 柏太陽神 （2005 年 9 月 7 日）
曾 經 舉 辦 的 比 賽	皇后盃決賽、東亞盃

交通	地址	千葉縣千葉市中央區川崎町 1-20
	鄰近火車站	JR 蘇我站
	到達方法	在東京可乘坐 JR 總武線快速到千葉站，然後轉乘外房線到蘇我站下車，乘車需時約 1 小時，再從西口一直走大約 9 分鐘後便可到達。

千葉福田電子體育場大事紀	2003.12	動工興建球場
	2005.9.7	舉行非正式足球熱身賽，千葉市原 3 比 2 擊敗柏太陽神
	2005.10.16	正式啟用，並舉行首場 J 比賽千葉市原 VS 橫濱水手
	2007.9.2	舉行首場國際賽，日本女子隊 VS 巴西女子隊
	2009.5.29	舉行首場男子國際賽，智利 VS 比利時
	2016.12.25	舉行皇后盃決賽，INAC 神戶雌獅 VS 新潟天鵝女子隊
	2017.5.4	舉行 JAPAN JAM 音樂會，是球場首次舉辦演唱會
	2017.12.8	舉行東亞盃決賽圈女子組賽事

磐田山葉YAMAHA 球場

磐田山葉YAMAHA球場

    磐田山葉在 1994 年加入 J 聯賽後，在擁有巴西國家隊隊長 Dunga，配合中山雅史、藤田俊哉、名波浩和服部年宏等日本國腳踢出具效率又悅目的進攻足球，令磐田山葉在 J 聯賽建立王朝，也令磐田市這個連在靜岡縣內也不起眼的工業城市為亞洲球迷所認識。因此磐田山葉的主場 YAMAHA 球場雖然不是規模龐大的巨型球場，不過在這裡發生過太多足球傳奇故事，因此成為日本人心目中其中一所足球殿堂。

YAMAHA 球場雖然在 J 聯賽規模中算是中小型球場，不過外觀仍然相當宏偉。

球場正門外擺放各種攤位，最吸引的當然
是官方商品販賣攤位。

如果要在磐田山葉主場觀賽之旅獲得多姿多采的體驗，坦白說有點困難，因為磐田山葉所在地靜岡縣本身就不是都會地區，縱然旅遊業相當發達，也只是局限於富士山下、熱海和伊豆等沿瀨戶內海的城市的自然景觀，與磐田市相距太遠，只能安排在比賽日外的時間進行，所以如果要來一個靜岡縣觀賽外加自然生態之旅，還是在計劃行程時多預算數天時間吧。

如果只有一天時間留給磐田看球之旅的話，那麼就嘗試一下放鬆心情，讓自己感受一下日本客場球迷的一天慢活旅程吧（當然也可以選擇坐在主場球迷區）。從東京都坐車到磐田市需時 2 個多小時，回程也需要相若的時間，這就是日本球迷跟隨支持球隊作客看球的生活，平均每兩個星期便經歷一次。從東京到靜岡縣的新幹線旅程中，沿途都是海岸和田園的風景，坐著新幹線在美景伴隨之下品嘗美味的便當，是都市生活難以享受的安舒。

球場外設有數家和式居酒屋，讓球迷觀賽
前或觀賽後享用美味的日式料理。

如果不打算在火車上吃便當，也可以選擇到球場外的居酒屋或和式料理店飽餐一頓，YAMAHA 球場位於山葉發電機總部大樓隔壁，球場東邊和南邊是山業

魚々よし的刺身定食比一般刺身更鮮味，
價錢則沒有特別昂貴，是相當不錯的選擇。

設置於球場主看台外的磐田山葉官方商店，是球迷必須到此一遊的地方。

發電機的工場區，西邊則是民居，北邊則有一所 AEON 系列連鎖店，不過由於從車站直達的公車停靠在球場東南邊，若要到達 AEON 系列連鎖店則必須越過球場才可，如有相當充裕的時間才建議前往。至於球場外的西邊民居則有數家料理店，進入球場前品嘗刺身料理可是相當不錯的選擇，也可以在球場以南對面的便利超商購買小點心和飲料進場享用。至於球場外則有磐田山葉的官方商店，進場前不妨進內選購當地限定的官方商品吧。

磐田山葉YAMAHA球場

球場歷史

位於靜岡縣中部的磐田市本身是鄰市濱松市的衛星城市，明治維新後主力發展重工業，亦是山葉發電機有限公司的大本營，因此磐田市幾乎與山葉發電機劃上等號。山葉發電機於 1970 年開設足球部，8 年後參與日本足球聯賽 (JSL)，為了讓球隊擁有自己的主場，所以山葉發電機於 1978 年在總部大樓隔壁的空地興建 YAMAHA 足球場，並於同年啟用。YAMAHA 球場從一開始便是足球專屬球場，所以一直沒有田徑跑道等綜合體育場設施，後來在 1985 年在球場四邊設置可供 5,000 人上座的看台，令 YAMAHA 球場成為英國式糖果盒狀的足球場。後來山葉發電機隊在 1993 年更名為磐田山葉，翌年加入 J 聯賽後，為了符合 J 聯賽球場規格，所以進行數次擴建工程，形成今天符合 J1 聯賽要求的現代化足球場。

官方商店也擺放了磐田山葉歷年的經典球衣，可惜只能參觀不能購買。

球場外擺放了磐田山葉吉祥物ジュビロくんの像。

由於磐田市在靜岡縣也不是一線城市，而且 YAMAHA 球場容量連 1.6 萬人都沒有，所以啟用逾 40 年以來並沒有舉行過國際大型球賽或運動會，只是偶爾獲得全日本高校女子足球賽和全日本女子 U18 大賽等推廣性質較強的比賽主辦權，因此磐田山葉幾乎是球場的專屬用戶。幸好磐田山葉在 J 聯賽初期有一段相當輝煌的歷史，先有 1990 年世界盃決賽圈金靴獎得主，前義大利國腳 Salvatore Schillaci 加盟，後來更獲得巴西國家隊隊長 Dunga 效力，加上球隊出產過中山雅史、名波浩和高原直泰等殿堂級日本國腳，令磐田在 1997、1999 和 2002 年成為 J 聯賽王者，而且還在 1999 年成為亞洲冠軍，令這座位於重工業小城市的小型球場也滿載傳奇故事。

從 23 年開始，YAMAHA 球場擁有另一個主人，就是當年加入日本橄欖球聯賽 Top League 的磐田山葉橄欖球隊。由於日本橄欖球聯賽球隊比賽場數不多，而且縱然是主場賽事也不一定留在所屬主場比賽，所以橄欖球隊使用機率遠低於足球隊，對草地質素影響不會太大。

除了作客球迷區，YAHAMA 球場的所有角落在比賽日均會坐滿穿上磐田山葉主色天藍色球衣的球迷，令球場形成一片天藍海。

磐田山葉YAMAHA球場大事紀	1978	落成啟用，同年成為山葉足球隊主場
	1993	擴建看台容量至約 9,000 人，達致 J 聯賽球場要求
	1994	磐田山葉參加 J 聯賽，自始成為 J 聯賽球場，同年擴建看台容量至 15,500 人
	1997	磐田山葉首次參與 J 聯賽總決賽，亦是球場首次舉行聯賽總決賽
	2002	首次舉辦全日本高校女子足球大賽
	2003	磐田山葉橄欖球隊參與全國聯賽，自此與足球隊共用主場

磐田山葉YAMAHA球場

磐田山葉YAMAHA球場

使 用 球 隊	磐田山葉
啟 用 年 份	1978
容 量	15,165 人
曾 經 舉 辦 的 比 賽	全日本女子高校足球大賽、全日本女子 U18 足球大賽

交通	地址	靜岡縣磐田市新貝 2500
	鄰近火車站	JR 御廚站
	到達方法	從新宿或東京站乘坐 JR 到武藏小杉站，車程約 20 分鐘，從北口向西北方向步行約 20 分鐘便可到達。另一方法則是從涉谷或武藏小杉轉乘東急電鐵東橫線前往新丸子站，從西口向西北方向步行約 15 分鐘便到達。由於比賽日並沒有專用公車前往球場，所以大部分入場觀眾都是從車站直接步行到球場，因此只要跟著人群步行就沒大問題，也需要作好步行的準備，特別是在炎夏日子。

在 2020 年賽季前若要前往 YAMAHA 球場，最接近球場的車站是磐田站，從東京站前往的話必須先乘坐西行的新幹線到掛川站，再從掛川站轉乘東海道本線和磐田站，需時若 2 小時許，下車後再於磐田站前的公車站乘坐比賽日專屬直線公車，約 15 分鐘後在球場附近下車，然後步行 8 分鐘左右便到達。不過在 2020 年 3 月起，JR 東海道的新車站御廚站啟用，成為最接近球場的車站，從掛川站轉乘東海道本線的話就是比磐田站早一個站下車便可。由於筆者執筆時是御廚站啟用後還沒出現比賽日的時候，所以還沒有機會嘗試從該站前往球場，只能從官方資料得知從車站徒步前往須時約 25 分鐘，坦白說這是不少的負擔，所以筆者預計比賽日將會有直線公車從御廚站出發。

味之素西丘運動場

味之素西丘運動場

　　東京都是亞洲最繁榮的大都會，除了擁有新宿、池袋、涉谷和銀座等知名商業區和各式各樣的觀光景點，運動設施也是滿佈於都政府管轄的二十三區。相對來説較少遊客前往的北區也有可供職業球隊使用的味之素西丘運動場，雖然規模不及同處於東京都內的國立競技場和味之素球場，歷史悠久的西丘運動場也經常有男、女子足球隊比賽進行，選擇到這裡看球然後到赤羽或日暮里吃喝玩樂也是一大樂事。

　　JR 赤羽站一帶是最接近西丘運動場的繁盛商業區，由於赤羽站是東京都通往埼玉縣、北關東、北陸和東北地區的交通要塞，所以站前設有不少大型商店和餐廳，讓在赤羽站下車和轉乘其他交通工具到其他地方的遊客可以消費。因此光是赤羽站西口便出現 Ito Yokado（伊藤洋華堂）百貨公司、BIVIO 商場和 Apire 商場「三國鼎立」的局面，當中包括服飾、食品、餐廳和書店等各種商店，絕對足以應付一切消費所需。

赤羽站附近設有數個商場和百貨公司大樓，商店總類繁多設備一應俱全。

如果覺得赤羽站一帶不夠逛，也可以選擇在距離西丘運動場較近的本蓮沼站乘坐都營地下鐵前往巢鴨站，巢鴨是東京都知名的「下町」區，也有「歐巴桑的新宿」之稱，商店街滿佈具有懷舊味道甚重的特色老店，是希望感受東京歷史風味的朋友必到之處。另一方面，亦可以選擇從赤羽站乘坐 JR 前往日暮里站，日暮里設有當地知名的裁縫街，滿佈售賣服飾製作原料和工具的商店，喜歡造衣服或飾物的朋友值得花時間去逛一下。同時日暮里站也是前往成田機場快速列車的起點，如果想看完球之後奔赴機場離境，也是非常方便。

在看球後到赤羽站附近商場享受價錢台宜的天婦羅蕎麥麵定食，絕對是一人享受。

球場歷史

　　西丘運動場可説是東京都內首個足球專屬運動場,她的出現是涉及聯合國從日本撤軍的歷史,二戰前西丘運動場原址是日本皇軍所屬的東京兵器補給廠其中一部分,日本於二戰戰敗後由聯合國進駐當地,在 1960 年代聯合國決定退還該地予日本政府後,因為日本時至今天仍然被禁止建立軍隊,所以兵器補給廠必須拆卸,日本政府後來決定在原址興建綜合體育場,並於 1969 年 5 月開始動工。

味之素西丘運動場規模較小,所以甫進正門便發現球隊官方產品發售攤位。

　　經歷 3 年的興建後,國立西丘運動場終於竣工啟用,不過首先舉行的是日本男子曲棍球隊迎戰西班牙隊的比賽,及後才舉行當時是日本頂級足球聯賽 JSL 的東西對抗戰。此後西丘運動場是 JSL 比賽、東京都和關東區各種不同的業餘和青年級別比賽的主要舉辦場地,在 1980 年代也曾經成為日本國家隊的主場之一。後來由於 J 聯賽成立之初沒有球隊以東京作為根據地,所以西丘競技場轉型為舉

行業餘及青年級別賽事的主要場地。後來縱使 J 聯賽獲得 FC 東京加盟，以及綠茵隊從川崎市搬到東京都，也因為球場球迷席數量太小不符合成為球隊主場的資格，所以西丘運動場沒有機會藉此「升格」。

雖然官方產品發售攤位不算很大，不過各種官方商品還是一應俱全，在比賽中場休息時更擠至水洩不通。

　　不過西丘運動場在 J 聯賽歷史上也佔有重要地位，就是成為東部球隊的副主場或暫借主場，FC 東京和東京綠茵在味之素球場若被其他團體徵用（比如是 2019 年舉行橄欖球世界盃決賽圈的時候），西丘運動場便成為這兩支球隊的暫時主場，兩支東京球隊也會把部分盃賽比賽移師至此舉行。除了兩支東京球隊，橫濱 FC、川崎前鋒甚至地理位置較遠的長野帕塞羅、栃木 SC 和札幌岡薩多也曾經因為所屬主場無法舉行比賽而暫借此處舉行聯賽主場比賽。

近年恆常使用西丘運動場的球隊是 FC 東京 U-23 隊和女足聯賽的東京日視美人，FC 東京 U-23 隊在 2016 年參與 J3 聯賽，由於西丘運動場符合 J3 聯賽的規格，所以成為球隊主場。不過當 FC 東京 U-23 隊於 2020 年解散後，西丘運動場便餘下東京日視美人成為她的唯一恆常主人。東京日視美人是女足聯賽奪冠次數最多的球隊，所以西丘運動場可說是日本女足輝煌歷史的見證者。隨著東京日視美人在 2021 年轉戰新成立的 WE 女足職業聯賽，西丘運動場的角色更為重要。

由於球場附近沒有摩天大廈，所以球場觀景很廣闊，看球感覺很舒服。

味之素西丘運動場

味之素西丘運動場

使 用 球 隊	FC 東京、東京綠茵、東京日視美人
啟 用 年 份	1972
容 量	7,258 人
首場足球賽事	JSL 東西對抗賽（1972 年 8 月 25 日）
曾 經 舉 辦 的 比 賽	日本國民體育大會、亞洲盃賽冠軍盃、日本隊國際賽、J 聯賽、日本女子聯賽

交通	地址	東京都北區西が丘 3 丁目 15－1
	鄰近火車站	JR 赤羽站及都營地下鐵本蓮沼站
	到達方法	從地理位置來說本蓮沼站是最接近的車站，從新宿乘坐都營地下鐵只須約 30 分鐘，再從東口步行約 5 分鐘便到達。不過由於 JR 赤羽站是東京都北部連接其他地區的交通要塞，亦設有較繁榮的商業區，所以多數球迷會選擇乘車到赤羽站前往球場，從新宿乘坐 JR 只須 15 分鐘便到達赤羽站，在西口沿西南方向步行約 22 分鐘便到達。

味之素西丘運動場	1969.6	落實興建東京大球場
	1972	竣工
	1972.8.25	舉行首場足球賽事（JSL 東西對抗戰）
	1989.6.11	舉行世界盃資格賽（日本 VS 印尼）
	1995	舉行亞洲盃賽冠軍盃賽事（橫濱飛翼 VS 香港流浪）
	2004.3.18	舉辦奧運男足項目資格賽（巴林 U23 VS 黎巴嫩 U23）

釀生活32　PE0188

 日本足球場朝聖之旅全攻略：關東篇

作　　　者	傑拉德、剛田武
攝　　　影	傑拉德
顧　　　問	J League情報站
編　　　審	列當度
製作公司	重啟有限公司
責任編輯	喬齊安
圖文排版	劉肇昇
封面設計	劉肇昇

出版策劃	釀出版
製作發行	秀威資訊科技股份有限公司
	114 臺北市內湖區瑞光路76巷65號1樓
	電話：+886 2 2796-3638　傳真：+886-2-2796-1377
	服務信箱：service@showwe.com.tw
	http://www.showwe.com.tw
郵政劃撥	19563868　戶名：秀威資訊科技股份有限公司
展售門市	國家書店【松江門市】
	104 臺北市中山區松江路209號1樓
	電話：+886-2-2518-0207　傳真：+886-2-2518-0778
網路訂購	秀威網路書店：http://www.bodbooks.com.tw
	國家網路書店：http://www.govbooks.com.tw
法律顧問	毛國樑　律師
總 經 銷	聯合發行股份有限公司
	231新北市新店區寶橋路235巷6弄6號4F
	電話：+886-2-2917-8022　傳真：+886-2-2915-6275

出版日期	2021年1月　BOD一版
定　　　價	350元

國家圖書館出版品預行編目

日本足球場朝聖之旅全攻略. 關東篇/傑拉德, 剛田武著.
-- 一版. -- 臺北市：釀出版, 2021.1
面； 公分. --（釀生活32; PE0188）
BOD版
ISBN 978-986-445-434-1（平裝）
1.旅遊 2.足球 3.球場 4.日本

731.9   109019698

讀者回函卡

感謝您購買本書，為提升服務品質，請填妥以下資料，將讀者回函卡直接寄回或傳真本公司，收到您的寶貴意見後，我們會收藏記錄及檢討，謝謝！
如您需要了解本公司最新出版書目、購書優惠或企劃活動，歡迎您上網查詢或下載相關資料：http:// www.showwe.com.tw

您購買的書名：＿＿＿＿＿＿＿＿＿＿＿＿＿＿＿＿＿＿＿＿＿＿＿

出生日期：＿＿＿＿＿年＿＿＿＿＿月＿＿＿＿日

學歷：□高中 (含) 以下　　□大專　　□研究所 (含) 以上

職業：□製造業　□金融業　□資訊業　□軍警　□傳播業　□自由業
　　　□服務業　□公務員　□教職　　□學生　□家管　□其它＿＿＿

購書地點：□網路書店　□實體書店　□書展　□郵購　□贈閱　□其他

您從何得知本書的消息？

　□網路書店　□實體書店　□網路搜尋　□電子報　□書訊　□雜誌
　□傳播媒體　□親友推薦　□網站推薦　□部落格　□其他＿＿＿＿＿

您對本書的評價：(請填代號　1.非常滿意　2.滿意　3.尚可　4.再改進)

　封面設計＿＿＿　版面編排＿＿＿　內容＿＿＿　文／譯筆＿＿＿　價格＿＿＿

讀完書後您覺得：

　□很有收穫　□有收穫　□收穫不多　□沒收穫

對我們的建議：＿＿＿＿＿＿＿＿＿＿＿＿＿＿＿＿＿＿＿＿＿＿＿

＿＿＿＿＿＿＿＿＿＿＿＿＿＿＿＿＿＿＿＿＿＿＿＿＿＿＿＿＿＿＿

＿＿＿＿＿＿＿＿＿＿＿＿＿＿＿＿＿＿＿＿＿＿＿＿＿＿＿＿＿＿＿

＿＿＿＿＿＿＿＿＿＿＿＿＿＿＿＿＿＿＿＿＿＿＿＿＿＿＿＿＿＿＿

11466
台北市內湖區瑞光路 76 巷 65 號 1 樓

秀威資訊科技股份有限公司 收

BOD 數位出版事業部

···

（請沿線對折寄回，謝謝！）

姓　　名：＿＿＿＿＿＿＿＿　年齡：＿＿＿＿　性別：□女　□男

郵遞區號：□□□□□

地　　址：＿＿＿＿＿＿＿＿＿＿＿＿＿＿＿＿＿＿＿＿＿＿＿

聯絡電話：(日) ＿＿＿＿＿＿＿＿＿＿　(夜) ＿＿＿＿＿＿＿＿＿

E-mail：＿＿＿＿＿＿＿＿＿＿＿＿＿＿＿＿＿＿＿＿